AF227363

AUX ÉLECTEURS

Le nouveau Ministère De Broglie. — Les Discours de M. Gambetta. — Les Manifestes des Sénateurs et des Députés républicains.

Pendant les dernières vacances de la Chambre, les cléricaux ultramontains s'étaient livrés à des démonstrations multipliées, injurieuses pour le gouvernement de la République, et dangereuses pour la sécurité de la France. Dans les comités catholiques, les cercles catholiques, on n'entendait que des menaces à l'adresse du gouvernement italien ; on prêchait ouvertement une croisade pour engager le pays dans une guerre en faveur du rétablissement du pouvoir temporel du Pape. Les évêques, dans leurs mandements, oubliant qu'ils sont des fonctionnaires de l'État, ne craignaient pas d'outrager un peuple ami avec lequel il importe, dans la situation redoutable où se trouve l'Europe, que nous conservions les relations les plus cordiales. Il fallait mettre un terme à ces manifestations antipatriotiques. La Chambre, à son retour, ne faillit pas à son devoir. Le 1er mai, M. Leblond déposait, au nom de la majorité républicaine, une demande d'interpellation sur les mesures que le Gouvernement avait prises pour réprimer ces agitations criminelles des Jésuites qui dirigent aujourd'hui l'Église de France. Le 4 mai, après un admirable et vigoureux discours de M. Gambetta, la Chambre, à une majorité de 346 voix, adoptait un ordre du jour motivé dénonçant les manœuvres cléricales et invitant le Gouvernement à les contenir avec la plus grande énergie. Le ministère, par l'organe du président du Conseil, M. Jules Simon, avait accepté cet ordre du jour.

Les jésuites comptaient que le Sénat allait prendre en main leur cause et faire opposition aux volontés des représentants du peuple. La droite du Sénat n'osa point tenter cette aventure. Les cléricaux alors, se sentant abandonnés de tous, firent un effort désespéré. Ils mirent en jeu les influences de toutes sortes, qu'ils s'étaient ménagées auprès de la personne de M. le Président de la République, et ils réussirent à inspirer à M. le maréchal de Mac-Mahon une résolution funeste dont ils lui ont avec soin dissimulé la portée et le péril. Le 16 mai, en effet, à la surprise de la France et de l'Europe, au milieu du calme dont jouissait le pays, au risque de suspendre et d'effrayer le travail national, et d'exciter les défiances des gouvernements étrangers, en lutte, eux aussi, avec les agents du Vatican et les Jésuites, M. le maréchal de Mac-Mahon adressait à M. Jules Simon une lettre conçue en de tels termes, que le président du Conseil dut aussitôt lui offrir sa démission et celle de ses collègues, qui furent acceptées.

Dès que cette nouvelle fut connue, l'émotion fut immense. Les représentants de la nation qu'on avait cru prendre au dépourvu, décidèrent une action immédiate. Les groupes de la majorité républicaine convinrent de s'assembler le soir même, sans distinction de nuances, en réunion générale, en réunion pleinière, à Paris, au Grand-Hôtel, et de prendre une résolution commune.

A dix heures, la cour du Grand-Hôtel était encombrée

d'une foule émue, mais calme. A son arrivée, M. Gambetta était l'objet d'une ovation.

La réunion avait lieu dans la salle du Zodiaque. Deux cent quatre-vingts à trois cents membres y assistaient.

Au bureau siégeaient : MM. Houyvet (centre gauche), Devoucoux (gauche républicaine), Floquet et Brisson (Union républicaine), Louis Blanc (extrême gauche).

Le Président, M. Devoucoux, prit la parole le premier et s'exprima en ces termes :

« Mes chers collègues,

« Vous savez pourquoi vous êtes réunis. Les événements de la journée ont eu ce premier résultat de rassembler tous les républicains de l'Assemblée dans une pensée commune qui va se traduire par un acte. M. Gambetta, qui a assisté aujourd'hui aux réunions des différents groupes républicains et à la réunion des quatre bureaux de gauche, va vous faire connaître l'ordre du jour qui est sorti de leurs délibérations. »

M. Gambetta prononça alors le discours suivant :

Messieurs et chers collègues,

La mission qui m'est impartie ne comporte pas de longs développements. Vous êtes tous au courant de la crise qui vient de s'ouvrir et des circonstances dans lesquelles elle s'est ouverte. Vous savez par quel acte singulier et en dehors de toutes les traditions du régime parlementaire, M. le Président de la République a frappé d'interdit tout un ministère qui n'avait été mis en minorité dans aucune des deux Chambres.

En présence d'un acte qui révèle une politique tout au moins personnelle, il est nécessaire que les représentants du pays envisagent avec calme et sang-froid la phase nouvelle dans laquelle semblent entrer les rapports des pouvoirs publics entre eux. Aussi, Messieurs, il est à peine besoin d'insister sur la nécessité qui s'impose à vous de commander à vos sentiments et de refouler en vous vos passions, mêmes les plus légitimes. (Marques d'assentiment).

En un pareil moment, nous avons donc à éviter toute discussion stérile et passionnée. Quand on veut accomplir un acte grave, marqué au coin de la force et de l'autorité, il faut savoir garder une attitude digne, tenir un langage correct, constitutionnel et légal. (Applaudissements.)

C'est pourquoi il vous a paru bon de vous réunir d'abord dans vos groupes distincts, afin que, de vos délibérations, il sortît un acte dans lequel se refléterait exactement votre pensée commune et qui exprimerait la volonté de tous.

Vous avez chargé vos représentants ordinaires de rechercher ensemble la formule à donner à cet acte, et c'est cette formule que nous vous apportons. Il serait oiseux d'ouvrir à l'heure actuelle une discussion sur cette décision, qui a réuni l'unanimité de vos mandataires, de livrer à une dispute, à une argumentation nouvelle un document qui sera porté demain à la tribune du pays. Ce qui fait la force de cette manifestation, c'est l'accord unanime dont elle procède et qu'il importe de lui maintenir. Il y a dans la lettre présidentielle l'affirmation d'une responsabilité propre, l'affectation d'un pouvoir personnel. Vous y répondrez par l'affirmation de l'autorité du pays dont vous êtes les représentants.

Vos délégués ont pensé qu'ils devaient affirmer trois idées principales :

Rétablir une fois de plus les principes du **gouvernement parlementaire** sur la base de la responsabilité ministérielle scrupuleusement respectée ;

Rappeler que la politique républicaine est la garantie de l'ordre et de la prospérité intérieure ;

Résister à toute politique de hasard qui, sous l'influence de certaines agitations coupables entretenues par je ne sais quel prétendant, pourrait lancer la France, ce pays de paix, de l'ordre et de l'épargne, dans des aventures dynastiques et guerrières. (Longs applaudissements.) Cette triple affirmation se retrouve dans l'ordre du jour dont je vais avoir l'honneur de vous donner lecture :

« La Chambre,

« Considérant qu'il importe dans la crise actuelle, et pour remplir le mandat qu'elle a reçu du pays, de rappeler que la prépondérance du pouvoir parlementaire s'exerçant par la responsabilité ministérielle, est la première condition du gouvernement du pays par le pays, que les lois constitutionnelles ont eu pour but d'établir ;

« Déclare que la confiance de la majorité ne saurait être acquise qu'à un cabinet libre de son action et résolu à gouverner suivant les principes républicains, qui peuvent seuls garantir l'ordre et la prospérité au dedans et la paix au dehors, et passe à l'ordre du jour. »

Messieurs, ajoute M. Gambetta, nous avons la confiance que la France ne se méprendra point sur le caractère de cet ordre du jour. Ce n'est pas une agression dirigée contre l'autorité du premier magistrat de l'État, mais une réponse aux entreprises de la camarilla qui l'obsède. Nous devons cette réponse au pays; nous devons à la responsabilité même du Président de la République, qu'il convient de dégager des intrigues qui s'agitent autour de lui, la vérité tout entière.

Messieurs, je vous adjure, au nom des pouvoirs, des droits et des libertés dont vous avez la garde, au nom de la patrie qui a besoin de connaître au plus tôt votre sentiment sur cette crise, de voter sans débat, avec l'unanimité qui s'est déjà manifestée dans la réunion de vos délégués. (Salve d'applaudissements.)

Le projet d'ordre du jour fut adopté à l'unanimité, et les députés se séparèrent aux cris de : Vive la République! en se donnent rendez-vous pour le lendemain à la séance de la Chambre.

A l'ouverture de la séance, une demande d'interpellation fut déposée par M. Devoucoux. Le sympathique M. Christophle, ministre des Travaux publics, seul présent, déclara qu'il n'avait pas qualité pour répondre seul et sans s'être concerté avec ses collègues, à cette interpellation. La Chambre décida néanmoins, sur la demande de M. Gambetta, que la discussion de l'interpellation aurait lieu sur le champ. M. Gambetta remonta à la tribune, et, au milieu de l'émotion générale, prononça le discours suivant, qui produisit, et qui a produit dans la France entière et dans les pays étrangers, une immense et profonde impression.

M. LE PRÉSIDENT. M. Gambetta a la parole.

M. GAMBETTA. Messieurs, avant de présenter à la Chambre les observations qui me semblent de nature à appuyer l'ordre du jour par lequel nous espérons clôturer ce débat, j'ai le devoir de dire que, dans la discussion très-brève à laquelle je vais me livrer, il ne m'échappera aucune parole qui puisse être regardée comme une sorte d'agression et d'hostilité dirigée contre le premier magistrat de la République. (Très-bien ! très-bien ! au centre.)

Le débat qui s'ouvre devant vous, en effet, est assez grave, assez important, — puisqu'il tient en suspens, avec l'avenir même de ce pays, le fonctionnement régulier de la Constitution qu'il s'est souverainement donnée et que la France a souverainement acceptée, — pour que nous puissions facilement garder le calme, le sang-froid et la courtoisie que comporte une matière aussi élevée et aussi difficile. (Approbation à gauche et sur plusieurs bancs au centre.)

J'accomplis un devoir en venant porter à cette tribune l'expression de l'émotion publique, de l'émotion qui se manifeste déjà par les nouvelles que le télégraphe nous apporte de la province...

Voix diverses à droite et au centre. — Très-bien ! très-bien !

Autres voix dans les mêmes parties de la Chambre. — Silence ! Laissez parler !

M. GAMBETTA. Je vous prierai, Messieurs, de conserver le silence le plus parfait et de me laisser parler sans m'interrompre, pas plus par des approbations que par des acclamations contre lesquelles je suis décidé à ne pas lutter. Je voudrais garder la parfaite possession de ma pensée et de mon langage.

A gauche et au centre. — Oui ! oui ! parlez ! parlez !

M. GAMBETTA. Cette émotion publique, pour qu'elle ne devienne pas périlleuse, pour qu'elle ne prenne pas un caractère de passion qu'elle ne manquerait pas d'affecter promptement, doit trouver dans cette Chambre une expression à la fois légale et éclairée.

Messieurs, alors qu'il existait une confiance générale, de la part du Parlement, envers le cabinet qui siége encore sur ces bancs, sans qu'il y eût eu ni conflit, ni vote de défiance, ni de ces discussions qui révèlent contre les ministres qui représentent — et qui doivent représenter — la pensée de la majorité, un élément de désaccord ou une pensée d'agression ; au lendemain des discussions les plus calmes qui se soient produites à cette tribune et dans lesquelles la confiance de cette Chambre envers les ministres n'avait point été ébranlée ; sans que, dans une autre enceinte, il se fût manifesté aucune attaque ni aucun vote qui eût frappé le cabinet de minorité ; au moment où la France se trouve engagée dans une neutralité recueillie, désirable, nécessaire, patriotique ; au milieu des efforts auxquels ce pays se consacre pour refaire sa fortune matérielle et morale, alors qu'il a tant besoin d'ordre, de paix, de sécurité, de longs jours de sécurité pour reconstituer véritablement cette double fortune ; au moment où la paix semblait régner entre les pouvoirs publics ; sans que l'on sache pour quels motifs — c'est là précisément l'objet de l'interrogation que j'adresse au cabinet — tout à coup, comme un coup de foudre qui éclate dans un ciel serein, le pays apprend, vous apprenez vous-mêmes, que le Président de la République a écrit une lettre qui a obligé le président du Conseil, ainsi que ses collègues, à donner leur démission.

En présence d'un pareil fait, on s'est demandé d'où pouvait naître ce conflit subitement révélé à l'opinion, je le répète, et d'autant plus surprenant que rien n'annonçait, ne faisait prévoir une guerre intestine dans les conseils du Gouvernement.

Et alors, Messieurs, quel a été le premier mouvement de l'opinion publique ? L'opinion a été amenée à penser que très-probablement, soit qu'il s'agisse de la politique intérieure, soit qu'il s'agisse de la politique extérieure, il y avait, autour du Président de la République (dont personne ne méconnaît ni le patriotisme ni la loyauté constitutionnelle, depuis qu'il a accepté le pouvoir), il se trouve des inspirateurs, des conseillers, une sorte de gouvernement tout formé, qui dénaturait l'action du chef de l'État, et qui, par calcul, ne craignait pas de le lancer dans les aventures. (Mouvements divers.)

Voilà ce que le pays a cru, voilà ce qu'il craint, et, à

coup sûr, ce n'est pas dans le spectacle que nous avons aujourd'hui sous les yeux, ce n'est pas dans les diverses interprétations qui ont été données de cet événement inattendu, soit par les hommes politiques, soit par la presse qui se réclame de l'ancien gouvernement de l'ordre moral, qu'il nous est possible de trouver des motifs d'apaisement et de quiétude.

Souvenez-vous, en effet, Messieurs, depuis combien de temps on rappelait au Président de la République qu'il s'était entouré d'hommes compromettants pour la politique dite conservatrice ; rappelez-vous combien ces manifestations cléricales auxquelles nous avons dû, il y a quelques jours, opposer une barrière, étaient devenues audacieuses, impérieuses, combien elles avaient eu d'action sur le pouvoir exécutif lui-même. C'est alors, Messieurs, que, dans son inquiétude, la nation s'est demandé s'il n'y a pas à la tête, ou à côté du pouvoir, une influence tout à fait prédominante contre laquelle la volonté des ministres, contre laquelle les meilleures intentions du chef de l'État sont impuissantes à prévaloir. Voilà l'anxiété qui est au fond de tous les cœurs, et, pour ma part, je ne puis me défendre de croire qu'elle n'ait pas, depuis hier, frappé l'esprit du Président de la République. Je ne sais pas, si sous le contre-coup de l'émotion de la France, peut-être de l'émotion de l'Europe, il n'a pas compris lui-même qu'on l'entraîne sur une pente redoutable. Tout semble, d'ailleurs, Messieurs, l'indiquer, car tout à l'heure, dans vos couloirs, on affichait une dépêche qui a bien l'air de marquer le besoin qu'il a de rassurer l'opinion au dedans, et de calmer, soit des appréhensions, soit même des injonctions impérieuses au dehors. (Mouvement.)

En effet, on lit dans cette dépêche, que vous connaissez tous, et qui a éveillé en vous des sentiments divers, selon que vous siégez ou à droite ou à gauche, on y lit que ce matin, le Président de la République, dans des entretiens qu'il a eus avec divers personnages politiques, leur a répété qu'il est toujours dévoué au maintien de la paix, qu'il tient à conserver les meilleures relations avec toutes les puissances étrangères, et qu'il est fermement résolu à réprimer toutes les menées ultramontaines.

Mais, Messieurs, nous ne demandions pas autre chose, le 4 mai, et c'est précisément tout ce que disait l'ordre du jour que nous avons voté ! (Double salve d'applaudissements à gauche et sur un grand nombre de bancs au centre.)

M. le Président de la République est, du reste, coutumier de ces inspirations. Il les a toujours dans les situations troublées, quand il se trouve placé, par une poignée d'ambitieux déçus, dans une situation critique. Ces paroles, qu'il a dites ce matin, que vous avez lues dans cette dépêche, vont, je l'espère bien, porter au loin un certain apaisement dans les inquiétudes éveillées. (Longs applaudissements.) Elles me rappellent la phrase patriotique qu'il a déjà prononcée, lorsque, au mois d'octobre 1873, les mêmes conseillers, les mêmes agents de discorde, les mêmes intrigants et les mêmes fauteurs de troubles cherchaient à ramener la France sous le joug de cet ancien régime dont elle s'est débarrassée à jamais. Il disait : « Ne tentez pas cette aventure, les chassepots partiraient tout seuls ! » (Applaudissements prolongés à gauche et au centre.)

M. LE MARQUIS DE LA ROCHEJACQUELEIN. Ce mot-là est une invention de vos journaux ! Jamais le maréchal n'a rien dit de semblable !

M. GAMBETTA. Il disait alors qu'il était pour la paix, comme il dit aujourd'hui qu'il est pour la paix et contre les menées cléricales, car elles ne sauraient nous amener que la guerre. (Vifs applaudissements à gauche et au centre.)

M. GAMBETTA. Eh bien ! Messieurs, que venons-nous faire aujourd'hui à cette tribune ? Nous venons demander à la Chambre de s'élever au-dessus des premiers sentiments que font naître dans les esprits les brusques incidents de la vie politique. Ne jugeons pas ce qui s'est fait hier, ce qui figure aujourd'hui au *Journal Officiel* avec les premières impressions de la spontanéité. Non ! il faut savoir aller au fond des choses. Messieurs, vous pouvez très-bien, vous devez loyalement, sincèrement, en restant des serviteurs dévoués et pacifiques du pays, dire au Président de la République : On vous a trompé, on vous a conseillé une mauvaise politique, et nous, nous qui ne sollicitons en aucune manière de nous asseoir dans vos conseils, nous venons vous conjurer de rentrer dans la vérité constitutionnelle ; car, cette vérité constitutionnelle, elle est à la fois notre protection et la vôtre. (Nouveaux et vifs applaudissements au centre et à gauche.)

Et, en effet, qu'est-ce que nous venons demander ? Que la Constitution soit une réalité ; que le gouvernement du pays par le pays, ce gouvernement pour lequel la nation française combat depuis bientôt quatre-vingt-dix ans, soit loyalement et réellement pratiqué, et nous disons à M. le Président de la République : Non ! elle n'est pas vraie, elle n'est pas vraie, cette phrase que vous ont suggérée des conseillers bien connus et dans laquelle vous prétendez que vous auriez une responsabilité en dehors de votre responsabilité légale, une responsabilité au-dessus de la responsabilité du Parlement, au-dessus de la responsabilité de vos ministres, au-dessus de la responsabilité qui vous est départie et qui est déterminée, limitée par la Constitution. (Vive approbation à gauche.)

Ce sont les conseillers dont je parlais tout à l'heure qui vous engagent, qui vous précipitent dans la voie fatale en étendant votre responsabilité au delà des limites protectrices que lui assigne la Constitution du 25 février 1875 ; ce sont eux qui sont vos véritables ennemis et qui vous mènent à votre perte ! (Bravos et applaudissements à gauche et au centre.)

Ah ! Messieurs, je ne voudrais prononcer aucune parole qui pût paraître même effleurer la haute personnalité du Président de la République ; mais il m'est bien permis de dire que, s'il a conquis sa gloire sur les champs de bataille, s'il s'est honoré dans la défense de la patrie par les services éclatants qu'il lui a rendus au prix de son sang, au péril de sa vie, à coup sûr, sa carrière, toute remplie d'efforts militaires, n'avait pas été consacrée au culte et à l'étude des combinaisons de la politique et des équilibres parlementaires et que, par conséquent, il est, plus que tout autre chef d'État peut-être, enclin à laisser surprendre sa bonne foi et à apposer sa signature au bas de doctrines et de théories, dont ceux qui l'exploitent connaissent bien mieux que lui les effets terribles et toutes les difficultés. (Nouveaux applaudissements sur les mêmes bancs.)

Messieurs, ce que nous demandons au Président de la République, c'est de rentrer dans la vérité de la loi. Nous nous adressons à sa raison, qu'on veut en vain obscurcir, à son patriotisme, qui sera pour lui la véritable clarté et son meilleur guide ; nous lui disons : Monsieur le président de la République, restez dans la Constitution, toujours dans la Constitution, et dédaignez les avis perfides de conseillers que vous ne retrouveriez pas à l'heure des dangers qu'ils auraient eux-mêmes déchaînés. (Acclamations et applaudissements prolongés à gauche et au centre.)

Messieurs, je n'insiste pas davantage sur ces considérations. Ce que nous voulons, c'est ce que le pays veut. Ce que le pays veut, il l'a dit avec la puissance et l'autorité qui appartiennent à la France, devant laquelle il n'y a pas de volonté qui ne doive s'incliner, aucune volonté, Messieurs, ni celle des partis, ni même celle des majorités ! (Mouvement.) Le pays est souverain, et il a dit solennellement qu'il voulait la République, une République sage, une République pacifique, une République progressive : donnez-la-lui ! Le pays a dit qu'il en avait assez de ces hommes de combat qui voulaient le faire marcher dans une voie qui lui répugne ; le pays a dit qu'il voulait être délivré de ce cauchemar périodique, de ce retour des hommes de la réaction qui viennent faire apparaître leurs livides figures dans les jours de crises fatales et d'incertitudes. (Salve d'applaudissements.)

Le pays a dit : Pour conserver la République, donnez-moi des fonctionnaires loyaux ; pour conserver la République, ne permettez pas à des ambitieux déçus de troubler la paix ni au dedans ni au dehors. (Nouvelle salve d'applaudissements.)

Messieurs, il faut en finir avec cette situation, et il vous appartient d'y mettre un terme par une attitude à la fois virile et modérée. Demandez, la Constitution à la main, le pays derrière vous, demandez qu'on dise enfin si l'on veut gouverner avec le parti républicain dans toutes ses nuances, ou si, au contraire, en appelant des hommes repoussés trois ou quatre fois par le suffrage populaire, on prétend imposer à ce pays une dissolution qui entraînerait une consultation nouvelle de la France. Je vous le dis, quant à moi, mon choix est fait, et le choix de la France est fait aussi si l'on se prononçait pour la dissolution, nous retournerions avec certitude et confiance devant le pays qui nous connaît, qui nous apprécie, qui sait que ce n'est pas nous qui troublons la paix au dedans, ni qui inquiétons la paix au dehors. Je le répète, le pays sait que ce n'est pas nous, et, si une dissolution intervient, une dissolution que vous aurez machinée, que vous aurez provoquée, prenez garde qu'il ne s'irrite contre ceux qui le fatiguent et l'obsèdent ! Prenez garde que, derrière des calculs de dissolution, il ne cherche d'autres calculs et ne dise : La dissolution, c'est la préface de la guerre ! Criminels seraient ceux qui la poursuivraient dans cet esprit ! (L'orateur, en descendant de la tribune, reçoit, au milieu de vifs applaudissements et des acclamations de la majorité, les chaleureuses félicitations de ses collègues.)

M. Gambetta, remontant à la tribune. Messieurs, voici l'ordre du jour qui a été délibéré par la représentation parlementaire de tous les groupes de cette Chambre qui forment la majorité républicaine :

« La Chambre,

« Considérant qu'il lui importe, dans la crise actuelle et
« pour remplir le mandat qu'elle a reçu du pays, de rap-
« peler que la prépondérance du pouvoir parlementaire
« s'exerçant par la responsabilité ministérielle est la pre-
« mière condition du gouvernement du pays par le pays,
« que les lois constitutionnelles ont eu pour but d'établir ;
« Déclare :
« Que la confiance de la majorité ne saurait être acquise
« qu'à un cabinet libre de son action et résolu à gouverner
« suivant les principes républicains, qui peuvent seuls
« garantir l'ordre et la prospérité au dedans et la paix au
« dehors ;
« Et passe à l'ordre du jour. »

« Signé : Lepère, Devoucoux. »

(Bravos et applaudissements à gauche et au centre.)

Après ce discours et à la suite d'une vaine et timide protestation de M. le comte de Durfort de Civrac, légitimiste clérical, l'ordre du jour arrêté la veille au Grand-Hôtel fut mis aux voix et adopté par 347 députés contre 149, c'est-à-dire à une écrasante majorité de deux cents voix.

Le lendemain, 18 mai, le *Journal Officiel* annonçait la

constitution d'un ministère présidé par M. le duc de Broglie, et dans lequel figuraient les principaux personnages de l'ordre moral condamnés par le suffrage universel : les Fourtou, les de Meaux, les Caillaux. En même temps, on annonçait que le nouveau ministère, n'osant point se trouver face à face avec les représentants de la nation, avait obtenu du Président de la République un décret ajournant à un mois les séances du Sénat et de la Chambre. Ce décret fut lu à Chambre par M. de Fourtou, au Sénat par M. le duc de Broglie. En vain, à la Chambre, M. Gambetta, au Sénat MM. Bérenger et Jules Simon, demandèrent la parole. Ils ne purent l'obtenir. Le décret d'ajournement avait précisément pour objet de fermer la bouche au pays. Mais la précaution était tardive et superflue. Le pays avait parlé la veille par l'éloquente voix de M. Gambetta. Il allait se faire entendre de nouveau par l'organe de tous les sénateurs et de tous les députés républicains s'adressant à la nation dans des manifestes collectifs, qui affirmaient l'union intime, la confiance inébranlable de tous les représentants patriotes.

En effet, à l'issue de la séance, les députés républicains se réunirent en assemblée plénière, à Versailles, à l'hôtel des Réservoirs, sus la présidence de M. de Marcère, président du Centre gauche, qui prononça les paroles suivantes :

« Les membres du parti républicain ont jugé à propos de

se réunir ici pour juger un acte qui nous semble porter atteinte aux droits de la nation, représentée par la Chambre des députés, dans ses rapports avec le pouvoir exécutif. C'est sur cet acte que nous avons à nous prononcer.

Je donnerai la parole à ceux d'entre vous, Messieurs, qui la demanderont. »

M. Gambetta prit alors la parole et s'exprima ainsi :

Messieurs,

Il importe à des hommes politiques investis d'un mandat dont on conteste l'autorité et la puissance, de rechercher par quel acte ils répondront à l'acte de prorogation qui vient de les atteindre.

Je crois devoir expliquer tout d'abord qu'il importe que ce soient les membres de la Chambre des députés qui se réunissent comme Chambre des députés, en se sens que plusieurs de nos amis avaient pensé à prier nos collègues et nos coréligionnaires politiques à se joindre à nous. Je verrais à cela plusieurs inconvénients : le premier, ce serait d'associer des personnalités politiques qui ne sont pas dans la même situation constitutionnelle.

Il est bien certain que le conflit qui est ouvert n'est pas dirigé contre les membres du Sénat, mais contre les membres de la Chambre des députés. Il faut donc que nous agissions collectivement comme députés, et je crois que le pays, qui a les yeux fixés sur nous, demande que nous fassions une chose claire et indiscutable, aussi bien au point de vue du droit que de la défense de nos propres personnes.

Eh bien, une proposition a déjà été élaborée dans une réunion préalable de vos bureaux, qu'il s'agit de vous soumettre en ce moment, alors que vous êtes réunis en assemblée plénière. Cette proposition consiste à charger, séance tenante, un certain nombre de vos collègues de rédiger une adresse au pays dans laquelle on exprimerait les deux ou trois idées dominantes que suggère la situation actuelle. Cette adresse serait immédiatement soumise à votre approbation et recevrait vos signatures individuelles (Très-bien! très-bien!)

Je crois tout d'abord que, dans la situation que nous traversons, il importe de déclarer hautement que cette prorogation doit être la préface de la dissolution, car il n'est pas tolérable qu'un pouvoir impose au pays une suspension de travail, un chômage de cinq mois, une ruine matérielle écrasante, et l'expose à toutes les angoisses, à toutes les incertitudes de la vie politique et même de la vie nationale, en présence des effroyables dangers qui travaillent en ce moment les destinées de l'Europe. (C'est cela! Très-bien! — Applaudissements).

Je crois donc, Messieurs, que ce que nous avons à faire, c'est non-seulement un acte de protestation dirigé contre la politique irrégulière, sinon dans la lettre, au moins dans l'esprit de la Constitution du 25 Février. Il importe que vous vous présentiez au pays avec cette signification qu'associés dans une même pensée, vous vous efforcerez de rapprocher le moment de comparaître devant lui pour le faire juge entre ceux qui réclament le repos, le travail et la paix. et ceux qui, au mépris de la prospérité nationale, persévèrent dans l'exécution des plus perfides desseins.

Il faut qu'on sache que nous sommes le parti républicain tout entier uni dans la défense de nos droits, que nous sommes la Chambre des députés revendiquant ses droits...

M. RATIER. Comme les 221 !

M. GAMBETTA. Ce souvenir de la Restauration est juste, car nous avons devant nous des prétentions qui rappellent celles de Polignac ; mais nous allons assister à un phénomène inouï dans les annales du monde. On a dissous des Assemblées dans bien des pays, mais jamais on n'a osé, au lendemain de leur dissolution, les placer devant un suffrage universel véritablement émancipé et libre. Nous allons, pour la première fois, assister à une dissolution d'Assemblée — car la dissolution, il faut la réclamer et la précipiter — (Oui ! oui ! très-bien ! très-bien !) suivie d'une consultatiou du suffrage universel. Eh bien ! les électeurs à cent écus de la Restauration ont renvoyé les 221. Imaginez alors quel sera le reflux de cet océan du suffrage universel chassant devant lui ces oiseaux de mauvais augure, ces corbeaux de la politique. (Très-bien ! très-bien ! — Vifs applaudissements.)

Je vous demande, Messieurs, de vouloir bien désigner quelques-uns d'entre vous qui se retireront dans une salle voisine pour rédiger un appel à la nation. Je désirerais qu'il fut possible d'insérer dans cet appel une mention spéciale des devoirs à remplir par les fonctionnaires encore en fonctions. Il faut qu'ils se considèrent comme des soldats à leur poste où ils doivent attendre un acte ou un abus de pouvoir. (Marques d'assentiment unanimes. — Applaudissements.)

Il faut leur dire par avance qu'ils ne trahiront en rien ni leurs convictions ni nos sympathies en persévérant jusqu'au dernier moment dans la défense de la place qui leur a été confiée. (Nouvelles marques d'assentiment.)

Il faudrait encore ajouter, dans cette adresse au pays, — c'est là une assurance que ne démentira pas le pays, — qu'au bout de trois, quatre ou cinq mois, si nos adversaires peuvent user de tout ce temps, tous ces fonctionnaires. chassés ou présents, retrouveront une République plus vraie, plus efficace et plus libre. (Très-bien ! très-bien ! — Applaudissements).

Après ce discours, les députés rédigèrent et signèrent, au nombre de 362, le Manifeste suivant :

MANIFESTE DES DÉPUTÉS RÉPUBLICAINS.

Chers concitoyens,

Le décret qui vient d'atteindre vos mandataires est le premier acte du nouveau ministère de combat, qui prétend tenir en échec la volonté de la France ; le message du Président de la République ne laisse plus de doute sur les intentions de ses conseillers : la Chambre est ajournée pour un mois, en attendant qu'on puisse obtenir du Sénat le décret qui doit la dissoudre.

Un cabinet qui n'avait jamais perdu la majorité dans

aucun vote a été congédié sans discussion. Les nouveau
ministres ont compris que s'ils laissaient la parole au Par
lement, le même jour qui avait vu l'avénement du cabin
présidé par M. le duc de Broglie en verrait aussi la chute.

Dans l'impossibilité de porter à la tribune l'expressio
publique de notre réprobation, notre première pensée es
de nous tourner vers vous et de vous dire, comme les répu
blicains de l'Assemblée nationale au lendemain du 24 ma
que les entreprises des hommes qui reprennent aujourd'hu
le pouvoir seront encore une fois impuissantes.

La France veut la République; elle l'a dit au 20 fé
vrier 1876, elle le dira encore toutes les fois qu'elle ser
consultée, et c'est parce que le suffrage universel doit renou
veler cette année les Conseils des départements et des com
munes, que l'on prétend arrêter l'expression de la volont
nationale et que l'on interdit d'abord la parole à vos repré
sentants.

Comme après le 24 mai, la nation montrera, par so
sang-froid, sa patience, sa résolution, qu'une incorrigib
minorité ne saurait lui arracher le gouvernement d'elle
même. Quelque douloureuse que soit cette épreuve inatten
due, qui trouble les affaires, qui inquiète les intérêts, et qu
pourrait compromettre le succès des magnifiques efforts d
notre industrie pour le grand rendez-vous pacifique d
l'Exposition universelle de 1878; quelles que soient le
anxiétés nationales au milieu des complications de la politi
que européenne, la France ne se laissera ni tromper ni inti
mider. Elle résistera à toutes les provocations, à tous le
défis.

Les fonctionnaires républicains attendront à leur poste d'être révoqués pour se séparer des populations dont ils ont la confiance.

Ceux de nos concitoyens qui ont été appelés dans les Conseils élus du pays, redoubleront de zèle et d'activité, de dévouement et de patriotisme, pour maintenir les droits et les libertés de la nation.

Quant à nous, vos mandataires, dès maintenant nous rentrons en communication directe avec vous; nous vous appelons à prononcer entre la politique de réaction et d'aventures qui remet brusquement en question tout ce qui a été si péniblement gagné depuis six ans, et la politique sage et ferme, pacifique et progressive que vous avez déjà consacrée.

Chers concitoyens,

Cette épreuve nouvelle ne sera pas de longue durée : dans cinq mois au plus, la France aura la parole; nous avons la certitude qu'elle ne se démentira pas. La République sortira plus forte que jamais des urnes populaires, les partis du passé seront définitivement vaincus, et la France pourra regarder l'avenir avec confiance et sérénité.

Ont signé les membres des bureaux des Gauches :

POUR LE CENTRE GAUCHE :

MM. De Marcère, Paul de Rémusat, Aimé Leroux, Franck-Chauveau, Drumel, Richard Waddington, Morel, Danelle-Bernardin, Philippoteaux, Bardoux, Paul Bethmont, Robert de Massy, Germain.

POUR LA GAUCHE RÉPUBLICAINE :

MM. Devoucoux, Pascal Duprat, Lisbonne, Leblond, Alber Grévy, Jules Ferry, Bernard-Lavergne, Cochery Margaine, Rameau, Tirard, Journault, Camille Sée

POUR L'UNION RÉPUBLICAINE :

MM. Laussedat, Ch. Floquet, Henri Brisson, Gambetta, Le père, Spuller, Lelièvre, Marcellin Pellet, Dréo, Henr Lefèvre.

POUR L'EXTRÊME GAUCHE :

MM. Louis Blanc, Madier-Montjau, Lockroy.

Voici la liste des députés républicains qui ont signé le Manifeste :

Ain. — Chaley, Germain, Grosgurin, Mercier, Tiersot Tondu.

Aisne. — Fouquet, Leroux, Malézieux, Soye, de Tillancourt, Turquet, Villain.

Alger. — Gastu.

Allier. — Adrian, Chantemille, Cornil, Defoulenay, Laussédat, Patissier.

Alpes (Basses-). — Allemand, Bouteille, Gassier, Arthu Picard, Thourel.

Alpes (Hautes-). — Cyprien Chaix, Ferrari.

Alpes-Maritimes. — Borriglione, Chiris, Lefèvre.

Ardèche. — Chalamet, Destremx, Gleizal, Seignobos.
Ardennes. — Drumel, Gailly, Neveux, Philippoteaux.
Ariége. — Vignes.
Aube. — Fréminet, Casimir Périer, Rouvre, de Tézenas.
Aude. — Bonnel, Marcou, Mir, Rougé.
Aveyron. — Mas, Médal.
Bouches-du-Rhône. — Bouchet, Rouquet, Labadié, Lockroy, F.-V. Raspail, Rouvier, Tardieu.
Calvados. — Houyvet, Arsène Picard, Pilet-Desjardins.
Cantal. — R. Bastid, Durieu, Oudoul.
Charente. — Duclaud.
Charente-Inférieure. — Bethmont, Mestreau.
Cher. — Boulard, Devoucoux, Duvergier de Hauranne, Girault, Rollet.
Constantine. — Thomson.
Corrèze. — Général de Chanal, Latrade, Laumond, Le Charbonnier, Vaéher.
Corse. — Bartoli.
Côte-d'Or. — Sadi-Carnot, Dubois, Hugot, Joigneaux, Levêque.
Côtes-du-Nord. — Armez, Carré-Kérisouet, Evon, Huon.
Creuse. — Fourot, Moreau, Nadaud, de Nalèche, Parry.
Dordogne. — Garrigat, Marc Montagut.
Doubs. — Colin, Gaudy, Albert Grévy, Viette.
Drôme. — Chevandier, Christophle, Loubet, Madier-Montjau.
Eure. — Lepouzé, comte d'Osmoy, Papon.
Eure-et-Loir. — Dreux, Gatineau, Maunoury, Noël Parfait, Truelle.

Finistère. — Arnoult, Corentin Guyho, Hémon, Nédellec, de Pompéry, Swiney, de Gasté.

Gard. — Alphonse Bousquet, Ducamp, Malet, Marcelin Pellet.

Garonne (Haute-). — Caze, Constans, Duportal, Paul de Rémusat.

Gers. — Descamps.

Gironde. — Dupouy, Lalanne, comte de Lur-Saluces, Roudier, Mie, Simiot.

Hérault. — Castelnau, Devés, Lisbonne, Vernhes.

Ille-et-Vilaine. — René Brice, Martin Feuillée, Pinault, Durand, Roger-Marvaise.

Inde française. — Godin.

Indre. — Bottard, Leconte.

Indre-et-Loire. — Belle, Guinot, Joubert, Wilson.

Isère. — Anthoard, Bravet, Breton, Buyat, Couturier, Marion, Ferdinand Reymond, Riondel.

Jura. — Gagneur, Lamy, Lelièvre.

Landes. — Loustalot, Victor Lefranc.

Loir-et-Cher. — Dufay, Lesguillon, de Sonnier, Tassin.

Loire. — César Bertholon, Brossard, Chavassieu, Cherpin, Crozet-Fourneyron, Francisque, Reymond, Richarme.

Loire (Haute-) — Guyot-Montpayroux, Maigne, Vissaguet.

Loire-Inférieure. — Laisant, Fidèle Simon.

Loiret. — Bernier, Cochery, Devade, Robert de Massy.

Lot. — Teilhard.

Lot-et-Garonne. — Fallières, Faye, de Laffite de Lajoannenque.

Lozère. — Bourrillon, Théophile Roussel.

Maine-et-Loire. — Benoist, Maillé.

Manche. — Morel, Riotteau, Savary.

Marne. — Blandin, Leblond, Margaine, Alphonse Picart, Thomas.

Marne (Haute-). — Bizot de Fonteny, Danelle-Bernardin, Maitret.

Martinique. — Godissart.

Mayenne. — Bruneau, Charles Lecomte, Renault-Morlière, Souchu-Servinière.

Meurthe-et-Moselle. — Berlet, Cosson, Duvaux, Petitbien.

Meuse. — Billy, Grandpierre, Liouville.

Morbihan. — Ratier.

Nièvre. — Girerd, Gudin, Turigny.

Nord. — Desmoutiers, Guillemin, Bertrand-Milcent, Louis Legrand, Pierre Legrand, de Marcère, Massiet du Biest, Masure, Mention, Merlin, Scrépel, Trystram.

Oise. — Levavasseur, Franck-Chauveau.

Oran. — Jacques.

Orne. — Christophle, Gévelot, Crollier.

Pas-de-Calais. — Deusy, Devaux, Florent-Lefebvre,

Puy-de-Dôme. — Bardoux, Dostes, Duchasseint, Girot-Pouzol, H. Roux, Alfred Tallon.

Pyrénées (Basses-). — Marcel Barthe, Louis La Caze, Vignancour.

Pyrénées (Hautes-). — Alicot, Paul Duffo.

Pyrénées-Orientales. — Escanyé, Escarguel, Paul Massot.

Réunion. — De Mahy.

Rhône. — Andrieux, Durand, Guyot, Édouard Millaud, Ordinaire, Perras, Varambon.

Saône (Haute-). — Noirot, Versigny.

Saône-et-Loire. — Boysset, Bouthier de Rochefort, Daron, Gilliot, de Lacretelle, Logerotte, Margue, Sarrien.

Sarthe. — Galpin, Lemonnier, Rubillard.

Savoie. — Bel, Pierre Blanc, Horteur, Mayet, Parent.

Savoie (Haute-). — Ducroz, Jules Philippe, Silva, André Folliet.

Seine. — Allain-Targé, Barodet, Louis Blanc, Brelay, Henri Brisson, Cantagrel, Germain Casse, Clémenceau, colonel Denfert-Rochereau, Pascal Duprat, Farcy, Ch. Floquet, Dr Frébault, Léon Gambetta, Greppo, Dr Marmottan, Spuller, Thiers, Tirard, Bamberger, Camille Sée, Deschanel, Benjamin Raspail, Talandier.

Seine-Inférieure. — Dautresme, Desseaux, Lanel, Le Cesne, Thiessé, Richard, Waddington.

Seine-et-Marne. — Comte Horace de Choiseul, Menier, Plessier, Sallard.

Seine-et-Oise. — Emile Carrey, Charpentier, Albert Joly, Léon Journault, Langlois, Rameau, Léon Renault.

Sèvres (Deux-). — Girault, Antonin Proust.

Somme. — Barni, comte de Douville-Maillefeu, Jametel, Labitte, Magniez, Mollien.

Tarn. — Cavalié, Bernard Lavergne, Marty.

Tarn-et-Garonne. — Chabrié, Lasserre.

Var. — Allègre, Paul Cotte, Daumas, Dréo.

Vaucluse. — Alphonse Gent, Alfred Naquet, Dr Poujade, Saint-Martin.

Vendée. — Beaussire, Bienvenu, Jenty.

Vienne. — Hérault, Salomon.

Vienne (Haute-). — Beaury, Codet, Lavignére, Ninard, Georges Périn,

Vosges. — Bresson, Jules Ferry, Jeanmaire, Méline, Frogier de Ponlevoy.

Yonne. — Paul Bert, Guichard, Lepère, Dethou.

Les sénateurs républicains, pendant ce temps, réunis dans un bureau du Sénat, au nombre de 110, rédigeaient et votaient la déclaration suivante :

DÉCLARATION DES SÉNATEURS RÉPUBLICAINS

Les trois groupes de la Gauche du Sénat, réunis en assemblée générale ;

Après avoir mûrement examiné la situation faite au pays par la lettre présidentielle du 16 mai et par la composition du cabinet, protestent contre la tactique qui, en ajournant le Parlement aussitôt après la lecture du message, a supprimé toute discussion et confisqué au profit du ministère la liberté de la tribune.

En considérant que la crise suscitée sans motifs au milieu de la paix profonde du pays et en présence des éventualités de l'extérieur, alarme les intérêts et justifie toutes les défiances ;

Qu'il importe de rassurer la France;

Expriment la ferme conviction que le Sénat ne s'associera à aucune entreprise contre les institutions républicaines, et déclarent qu'ils résisteront avec énergie à une politique menaçante pour la paix publique.

Ont signé :

> MM. BERTAULD, président du Centre gauche; GILBERT-BOUCHER, CALMÓN, vice-présidents; BERNARD, FOUCHER DE CAREIL, secrétaires.
>
> EMMANUEL ARAGO, président de la Gauche républicaine; LE ROYER, vice-président; MALENS, secrétaire.
>
> A. PEYRAT, président de l'Union républicaine; SCHEURER-KESTNER, secrétaire.

Ainsi, le pays, les électeurs sont avertis. Ils savent quelle intrigue, heureusement impuissante, menace leurs libertés, leurs droits, la sécurité, l'épargne et le repos nécessaire de la France. Dans cinq mois, au plus tard, si les hommes de l'ordre moral poussent jusqu'au bout leur dernière entreprise avant de disparaître à jamais, la France sera appelée à des élections nouvelles. Elle sait quels sont les mandataires fidèles à qui elle a confié la défense de ses intérêts et le dépôt de ses pensées. Elle choisira entre eux et les réacteurs, sans se laisser intimider par aucune manœuvre,

comme elle l'a fait le 20 février 1876. Les cléricaux, les m
narchistes, les agents des d'Orléans et de M. le duc d'A
male viennent de lui lancer le défi. A ce défi, la Franc
qui est respectueuse de la liberté des consciences et d
religions, mais qui n'a jamais souffert le gouvernement d
prêtres et des moines répondra par un cri unanime :

Vive la République !

Paris. — Imp. LEFEBVRE, Pass. du Caire, 87-88.